ORDONNANCE DU ROI,

Concernant les Dragons.

Du 17 Avril 1772.

DE PAR LE ROI.

A MAJESTÉ s'étant fait représenter les Ordonnances & Règlemens concernant les Dragons, rendus les 21 décembre 1762, 25 mars 1763, 20 mars 1764, 1.er avril & 13 août 1765, 1.er mars, 25 novembre & 15 décembre 1766, 25 avril 1767, 1.er décembre 1768 & 18 août 1771, Elle auroit reconnu que l'administration établie par ces Ordonnances & Règlemens, pour ses régimens de Dragons, auroit éprouvé les mêmes inconvéniens que pour ses régimens de Cavalerie, & qu'il étoit également nécessaire d'y pourvoir.

Les mêmes motifs qui ont engagé Sa Majesté à changer la forme de composition & d'administration de

C

ſes régimens de Cavalerie, la déterminent à ſuivre le même plan dans ſes régimens de Dragons; en conſéquence, Sa Majeſté a ordonné & ordonne ce qui ſuit:

ARTICLE PREMIER.

Compoſition des régimens, en temps de paix.

CHACUN des dix-ſept régimens de Dragons, actuellement compoſé de huit compagnies de cinquante hommes, formant quatre eſcadrons, ſera porté à douze compagnies de trente-deux hommes chacune, & ne formera que trois eſcadrons.

2.

Compoſition des compagnies.

CHAQUE compagnie ſera commandée en tout temps, par un Capitaine, un Lieutenant & un Sous-lieutenant; & compoſée, en temps de paix, d'un Fourrier, deux Maréchaux-des-logis, quatre Brigadiers, quatre Appointés, vingt Dragons & un Tambour: elle ſera partagée en quatre eſcouades de ſept hommes chacune, y compris un Brigadier & un Appointé qui ſera cependant ſubordonné au Brigadier.

La première & la troiſième de ces eſcouades, formeront la première diviſion, à laquelle ſera attaché le premier Maréchal-des-logis, & ſera commandée par le Lieutenant.

La ſeconde & la quatrième eſcouade formeront la ſeconde diviſion, à laquelle ſera attaché le ſecond Maréchal-des-logis, & ſera commandée par le Sous-lieutenant.

3.

Augmentations par compagnie, en temps de guerre.

LES augmentations que les circonſtances pourront exiger, ſe feront par un nombre d'hommes égal dans chaque eſcouade, afin de maintenir l'égalité des diviſions.

4.

Compoſition de l'État-major.

L'ÉTAT-MAJOR de chaque régiment, ſera compoſé

d'un Mestre-de-camp, d'un Lieutenant-colonel, d'un Major, de deux Aides-major, de deux Sous-aides-major, d'un Quartier-maître, de trois Porte-guidons, d'un Tambour-major, d'un Chirurgien, & d'un Maréchal-expert qui aura rang de Maréchal-des-logis surnuméraire; il en portera l'uniforme avec la distinction des boutonnières en galon de fil blanc en fer-à-cheval sur les revers. Le Tambour-major sera attaché à la première compagnie du régiment, & ne sera cependant point nombre dans ladite compagnie.

Il sera aussi établi un Aumônier pendant le temps de la guerre seulement.

5.

Remplacement des Capitaines réformés, & Capitaines-commandans.

Il n'y aura plus dans chaque régiment de compagnie Mestre-de-camp ni Lieutenante-colonelle: Sa Majesté y nommera des Capitaines qui les commanderont à demeure.

6.

Sa Majesté disposera de même des quatre compagnies d'augmentation dans chaque régiment, en faveur des Capitaines réformés, ou de ceux qui y commandent actuellement les compagnies Mestre-de-camp ou Lieutenante-colonelle, suivant leur rang d'ancienneté entr'eux; & à leur défaut, en faveur de nouveaux Capitaines.

L'intention de Sa Majesté est cependant que la compagnie du Colonel général, continue d'être commandée par un Capitaine-lieutenant, un Sous-lieutenant & un Cornette.

La compagnie du Mestre-de-camp général, continuera aussi d'être commandée par un Capitaine-lieutenant, un premier Sous-lieutenant & un second Sous-lieutenant.

7.

Distribution des Lieutenances

Les huit Lieutenans actuellement existans, passeront

& Sous-lieutenances. aux Lieutenances des huit premières compagnies, & le Porte-guidon le plus ancien paſſera, ainſi que les trois plus anciens Sous-lieutenans actuellement exiſtans, aux Lieutenances des quatre dernières compagnies; les cinq autres Sous-lieutenans, rempliront les Sous-lieutenances des cinq premières compagnies; & il ſera pourvu ſur la préſentation du Meſtre-de-camp, aux ſept dernières Sous-lieutenances reſtantes.

8.

Création de quatre Fourriers. IL ſera créé quatre Fourriers, pour être attachés aux quatre dernières compagnies, & ils ſeront tirés des Maréchaux-des-logis; il en ſera uſé de même par la ſuite pour tous les bas Officiers, qui continueront d'être tirés indiſtinctement de toutes les compagnies.

9.

Choix des bas Officiers. LORSQU'IL vaquera une place de Fourrier, tous les Fourriers s'aſſembleront avec les Porte-guidons chez le Major, pour choiſir parmi tous les Maréchaux-des-logis du régiment, ſans avoir égard à l'ancienneté, les trois ſujets qu'ils croiront les plus propres à remplir la place vacante, ils les préſenteront au Major & au Capitaine de la compagnie dans laquelle la place de Fourrier ſera vacante; & ſur le rapport de ces deux Officiers, le Commandant du régiment nommera celui des trois ſujets propoſés qui lui paroîtra mériter la préférence.

Lorſqu'il vaquera une place de Maréchal-des-logis, tous les Maréchaux-des-logis s'aſſembleront avec le Quartier-maître chez le Major, pour choiſir parmi tous les Brigadiers du régiment, les trois ſujets qu'ils croiront les plus propres pour remplir la place vacante; ils les préſenteront au Major & au Capitaine de la compagnie dans laquelle la place de Maréchal-des-logis ſera vacante, de la manière expliquée ci-deſſus pour le Fourrier.

Lorſqu'il vaquera une place de Brigadier, les huit plus anciens Brigadiers, les quatre plus anciens Fourriers, & les quatre plus anciens Maréchaux-des-logis, s'aſſembleront chez le Major, pour choiſir parmi tous les Dragons du régiment, trois ſujets qu'ils préſenteront au Major & au Capitaine de la compagnie dans laquelle la place de Brigadier ſera vacante, de la manière réglée ci-deſſus.

10.

Formation de douze compagnies par la décompoſition des huit exiſtantes.

POUR former les douze compagnies des huit exiſtantes, il ſera donné des ordres particuliers aux Inſpecteurs, pour refondre la totalité des compagnies & les égaliſer entr'elles de façon qu'il y ait dans chaque compagnie à peu près égalité de temps à ſervir pour les hommes, & auſſi égalité d'âge & de qualité pour les chevaux. Les Inſpecteurs ſeront en même temps chargés de faire un état du non-complet en hommes & en chevaux qui pourra ſe trouver au jour de la nouvelle formation, afin qu'il y ſoit pourvu, conformément aux ordres que Sa Majeſté fera donner.

11.

Compoſition générale des régimens, d'après la nouvelle formation.

AU moyen de la préſente formation, les régimens ſe trouveront compoſés de quarante-ſept Officiers, de trente-ſix bas Officiers, trois cents trente-ſix Brigadiers, Appointés ou Dragons, douze Tambours & un Tambour-major, un Chirurgien & un Maréchal-expert.

12.

Solde des bas Officiers, conſervée.

LES quatre Maréchaux-des-logis, les ſeize Brigadiers & les ſeize Appointés, non compris dans la préſente compoſition, jouiront de la ſolde du grade qu'ils avoient juſqu'à leur remplacement; ils continueront le ſervice de leur grade en faiſant nombre dans les compagnies. L'intention de Sa Majeſté eſt que lorſqu'il vaquera des places de Maréchaux-des-logis, de Brigadiers & d'Appointés dans le régiment, ceux de ces différens grades y soient remplacés par rang d'ancienneté, jusqu'à ce qu'il n'en reste dans le régiment, que le nombre fixé par l'article 2 de la présente Ordonnance, pour chaque compagnie.

13.

Recrues en temps de guerre, faites par un détachement, chargé aussi de tous les objets d'entretien.

EN temps de guerre, il sera détaché de chaque régiment, un nombre d'Officiers & bas Officiers choisis, avec un Officier-major, auxquels il sera assigné un lieu d'assemblée sur la frontière, pour s'y occuper à demeure du soin des recrues, remontes & de leur instruction; comme aussi de l'habillement, de l'équipement & de l'armement du régiment: ils seront chargés d'y faire parvenir ces objets d'entretien, suivant le besoin, pendant la campagne, comme pendant l'hiver. Ces Officiers & bas Officiers, qui feront toujours partie du régiment, y seront cependant remplacés pour ne point affoiblir les escadrons.

14.

Appointemens & solde.

SA MAJESTÉ ayant réglé pour toutes ses troupes, une solde de paix & une solde de guerre, veut que les appointemens & solde soient payés à ses régimens de Dragons sur le pied;

SAVOIR:

COMPAGNIES.	EN TEMPS DE PAIX.			EN TEMPS DE GUER		
	Par jour.	Par mois.	Par an.	Par jour.	Par mois.	Par
Au premier Capitaine de chaque régiment, six livres deux sous deux deniers deux tiers en paix; & onze livres deux sous deux deniers deux tiers en guerre, ci.	$6^l\ 2^s\ 2^d\frac{2}{3}$	$183^l\ 6^s 8^d$	2200^l	$11^l\ 2^s\ 2^d\frac{2}{3}$	$333^l\ 6^s\ 8^d$	40
Au second Capitaine de chaque régiment, cinq livres seize sous huit deniers en paix; & dix livres seize sous huit deniers en guerre, ci. . .	5.16. 8	175. // //	2100.	10.16. 8	325. // //	39
A chacun des autres Capitaines, cinq livres en paix; & dix livres en guerre, ci.	5. // //	150. // //	1800.	10. // //	300. // //	36

	EN TEMPS DE PAIX.			EN TEMPS DE GUERRE.		
	Par jour.	Par mois.	Par an.	Par jour.	Par mois.	Par an.
Au premier Lieutenant de chaque régiment, deux livres quinze sous six deniers deux tiers en paix; & trois livres six sous huit deniers en guerre, ci................	$2^{l}\,15^{f}\,6^{d}\frac{2}{3}$	$83^{l}\,6^{f}\,8^{d}$	1000^{l}	$3^{l}\,6^{f}\,8^{d}$	100^{l} $/\!/^{f}$ $/\!/^{d}$	1200^{l}
A chaque Capitaine-lieutenant des compagnies Colonel général & Mestre-de-camp général, & à chaque Lieutenant des autres compagnies, deux livres quatre sous cinq deniers un tiers en paix; & deux liv. quinze sous six den. deux tiers en guerre, ci	2. 4. $5\frac{1}{3}$	66.13. 4	800.	2.15. $6\frac{2}{3}$	83. 6. 8	1000.
Au Sous-lieutenant de la compagnie du Colonel général, une liv. treize sous quatre deniers en paix; & deux livres quatre sous cinq den. un tiers en guerre, ci.........	1.13. 4	50. // //	600.	2. 4. $5\frac{1}{3}$	66.13. 4	800.
Au Cornette de la compagnie du Colonel général, une livre dix sous en paix; & deux livres quatre sous cinq deniers un tiers en guerre, ci.	1.10. //	45. // //	540.	2. 4. $5\frac{1}{3}$	66.13. 4	800.
A chaque Sous-lieutenant, premier & deuxième Sous-lieutenant du régiment Mestre-de-camp général compris, une livre deux sous deux deniers deux tiers en paix; & une livre treize sous quatre deniers en guerre, ci.................	1. 2. $2\frac{2}{3}$	33. 6. 8	400.	1.13. 4	50. // //	600.
Au Fourrier, treize sous en paix; & quinze sous en guerre, ci....	// 13. //	19.10. //	234.	// 15. //	22.10. //	270.
A chaque Maréchal-des-logis, douze sous en paix; & quatorze sous en guerre, ci..........	// 12. //	18. // //	216.	// 14. //	21. // //	252.
A chaque Brigadier, sept sous six deniers en paix; & neuf sous six deniers en guerre, ci.......	// 7. 6	11. 5. //	135.	// 9. 6	14. 5. //	171.
A chaque Appointé, sept sous en paix; & neuf sous en guerre, ci.	// 7. //	10.10. //	126.	// 9. //	13.10. //	162.
A chaque Dragon ou Tambour, six sous six deniers en paix; & huit sous six deniers en guerre, ci...	// 6. 6	9.15. //	117.	// 8. 6	12.15. //	153.

ÉTAT-MAJOR.

Au Mestre-de-camp sans compagnie, au Mestre-de-camp lieut.nt du régiment du Colonel-général, aussi sans compagnie, seize livres treize sous quatre deniers en paix;

	EN TEMPS DE PAIX.			EN TEMPS DE GUERRE.		
	Par jour.	Par mois.	Par an.	Par jour.	Par mois.	Par an.
& dix-huit livres six sous huit den. en guerre, ci.	16l 13s 4d	500l ″s ″d	6000l	18l 6s 8d	550l ″s ″d	6600l
Au Lieutenant-colonel sans compagnie, dix livres en paix; & quinze livres en guerre, ci.	10. ″ ″	300. ″ ″	3600.	15. ″ ″	450. ″ ″	5400.
A chacun des Mestres-de-camp-commandant des rég.ns du Mestre-de-camp général, Orléans, Beauffremont & Schomberg, six livres dix-huit sous dix deniers deux tiers en paix; & huit livres six sous huit deniers en guerre, ci.	6.18.10 $\frac{2}{3}$	208. 6. 8	2500.	8. 6. 8	250. ″ ″	3000.
Au Major, huit livres six sous huit deniers en paix; & douze liv. dix sous en guerre, ci.	8. 6. 8	250. ″ ″	3000.	12.10. ″	375. ″ ″	4500.
A l'Aide-major Capitaine, cinq livres en paix; & huit livres six sous huit deniers en guerre, ci.	5. ″ ″	150. ″ ″	1800.	8. 6. 8	250. ″ ″	3000.
A l'Aide-major non Capitaine, quatre livres trois sous quatre den. en paix; & cinq livres onze sous un denier un tiers en guerre, ci. . .	4. 3. 4	125. ″ ″	1500.	5.11. 1 $\frac{1}{3}$	166.13. 4	2000.
A chaque Sous-aide-major, deux livres quinze sous six deniers deux tiers en paix; & trois liv. six sous huit deniers en guerre, ci.	2.15. 6 $\frac{2}{3}$	83. 6. 8	1000.	3. 6. 8	100. ″ ″	1200.
Au Quartier-maître, une livre treize sous quatre deniers en paix; & deux livres quatre sous cinq den. un tiers en guerre, ci.	1.13. 4	50. ″ ″	600.	2. 4. 5 $\frac{1}{3}$	66.13. 4	800.
A l'Officier chargé de la Caisse, seize sous huit den. en tout temps, ci	″ 16. 8	25. ″ ″	300.	″ 16. 8	25. ″ ″	300.
A chaque Porte-guidon, une livre douze sous deux deniers deux tiers en paix; & deux livres trois sous quatre deniers en guerre, ci. . . .	1. 12. 2 $\frac{2}{3}$	48. 6. 8	580.	2. 3. 4	65. ″ ″	780.
Au Tambour-major, quinze sous en paix; & dix-sept sous en guerre, ci.	″ 15. ″	22.10. ″	270.	″ 17. ″	25.10. ″	306.
Au Maréchal-expert, seize sous huit den. en paix; & dix-huit sous huit deniers en guerre, ci.	″ 16. 8	25. ″ ″	300.	″ 18. 8	28. ″ ″	336.
Au Chirurgien-major, une livre treize sous quatre deniers en paix; & deux livres en guerre, ci.	1. 13. 4	50. ″ ″	600.	2. ″ ″	60. ″ ″	720.
A l'Aumônier, deux livres en guerre seulement, ci.	. . . .	. . . .	. . . . . .	2. ″ ″	60. ″ ″	720.

15.

Les Capitaines continueront d'être chargés d'acquitter ſur leurs appointemens, les quatre deniers pour livre de la ſolde de leur compagnie.

Acquit des quatre deniers pour livre de la ſolde des compagnies.

16.

Sa Majesté a bien voulu conſerver au premier Capitaine, quatre cents livres par an, de ſupplément à ſes appointemens; trois cents livres au ſecond Capitaine, & deux cents livres au premier Lieutenant, ainſi qu'il a été réglé à l'article 14 de la préſente Ordonnance.

Gratifications conſervées.

L'Officier qui ſera chargé de la Caiſſe, ne jouira plus que de trois cents livres auſſi par an, en ſus de ſes appointemens, comme il eſt établi par ledit article.

17.

La Maſſe de quatre-vingts livres, établie pour l'entretien du cheval de chaque Porte-guidon, ſera de même continuée.

Maſſe des Porte-guidons.

18.

Tous les Officiers continueront de jouir de la place de fourrage qui leur a été accordée, même pendant le temps de leur ſemeſtre.

Conſervation de la place de fourrage aux Officiers.

19.

Au moyen du traitement qui ſera fait aux Capitaines, par forme de bénéfice, ſur les places de fourrage, ainſi qu'il ſera dit ci-après, la Maſſe affectée pour les remontes, étant de trente-cinq livres par cheval, & celle de vingt-ſept livres par homme affectée pour l'entretien, demeureront ſupprimées.

Suppreſſion de la Maſſe des remontes & de celle de l'entretien.

20.

La Maſſe des recrues ſera portée de dix-huit livres à vingt-une livres par homme au complet, & l'emploi en ſera fait ainſi qu'il ſuit.

Maſſe des recrues, conſervée.

Le Major de chaque régiment, ſera chargé de payer chaque mois ſur cette Maſſe, les hautes-payes des Vétérans & Dragons ſervant dans le même régiment, depuis huit, ſeize & vingt-quatre ans, & d'en remettre chaque année un état général à l'Inſpecteur, lors de ſa revue. Il en ſera prélevé pour être remis à chaque Capitaine, une ſomme de cent livres pour chaque homme de recrue qu'il ſera chargé de faire; & dans le cas où l'Inſpecteur qui verra le régiment, jugera néceſſaire que les Officiers-ſemeſtriers, autres que les Capitaines, ſoient tenus de faire des recrues, il leur ſera également donné cent livres pour chaque homme qu'il leur aura été preſcrit de faire, y compris les frais de route. Le ſurplus de ladite Maſſe de recrues, dont le prix des congés de grâce fera partie, ſera verſé dans la caiſſe de bénéfice ſur les places de fourrage, pour en former une Maſſe commune, ainſi qu'il ſera expliqué ci-après.

21.

Six congés de grâce.

IL pourra être accordé, par chaque régiment, ſix congés de grâce chaque année, lors de la revue de l'Inſpecteur, aux bas Officiers & Dragons qui ſeront jugés indiſpenſablement néceſſaires à leur famille; ils ſeront choiſis par le Meſtre-de-camp, & propoſés à l'Inſpecteur : il ſera remis au moins deux cents cinquante livres pour chacun de ces congés, à la Maſſe des recrues. Il ne pourra être accordé aucun autre congé abſolu, ſans que le Commandant du Corps y ait été autoriſé par le Secrétaire d'État ayant le département de la guerre.

22.

Maſſe d'habillement.

LA Maſſe d'habillement reſtera établie à raiſon de trente-ſix livres par homme au complet; elle continuera d'être chargée de la fourniture de l'habit, veſte, caſque, ſurtout, manteau, buffleterie, houſſes & chaperons, porte-manteau, ſelles, bottes & ſabres, dont l'entretien, ainſi que celui de toutes autres parties d'équipement, reſtera à la charge du traitement du bénéfice ſur les places de fourrage. Cette Maſſe d'habillement ſera auſſi chargée des quatre livres accordées à chaque Dragon au mois de ſeptembre de chaque année, pour l'entretien de ſes culottes de peau.

Cette même Maſſe ne ſera abſolument affectée qu'aux objets dont elle eſt ſpécialement chargée; la main-levée n'en ſera donnée chaque année par l'Inſpecteur, qu'en proportion du montant des réparations affectées ſur cette Maſſe, qui auront été réglées par le Secrétaire d'État ayant le département de la guerre; & le ſurplus reſtera en réſerve à ladite Maſſe d'habillement, pour ſubvenir aux beſoins que des pertes extraordinaires à la guerre exigeroient. Au moyen de ladite main-levée, les régimens ſe fourniront par eux-mêmes des parties d'équipement affectées ſur cette Maſſe, & la régie de l'habillement des Troupes n'en ſera plus chargée: les Corps ſe conformeront à ce qui eſt fixé pour la durée de chacune de ces parties d'habillement & d'équipement, au Règlement du 25 avril 1767, & à celui de la date de la préſente Ordonnance, pour l'adminiſtration de ladite Maſſe.

23.

Maſſe du linge & chauſſure, & produit des fumiers.

LA Maſſe des ſeize deniers de retenue ſur la ſolde des bas Officiers, Dragons & Tambours, pour linge & chauſſure, à laquelle ſont jointes la demi-ſolde des Dragons-ſemeſtriers, & la ſolde entière de ceux qui outrepaſſent leur congé, ainſi que le produit des fumiers, à la charge par le Dragon, des menus entretiens d'écurie, continuera d'avoir lieu ſuivant qu'elle eſt établie, & le décompte continuera d'en être fait tous les quatre mois les 1.er Janvier, 1.er Mai & 1.er Septembre.

24.

Bénéfice de quatre ſous

POUR ſubvenir à l'entretien général des compagnies,

par place de fourrage, pour subvenir à l'entretien.

annoncé par l'article 19 de la présente Ordonnance, il sera accordé quatre sous de bénéfice par place de fourrage, tant en garnison qu'en quartier, pendant la paix.

Ce traitement qui sera toujours fait au complet sur le pied du nombre des Dragons montés, ainsi qu'il avoit été réglé lors de l'établissement de la Masse de trente-cinq livres, sera affecté à l'achat des remontes, à l'entretien général & particulier de toutes les parties de l'équipement & de l'armement, aux médicamens des Dragons malades à la chambre, & des chevaux malades, ainsi qu'à la fourniture & entretien des cols, gants, cocardes, fourreaux & cordons de sabre qui étoient ci-devant à la charge du Dragon : ce traitement suppléera à la Masse des recrues au cas d'insuffisance ; il sera aussi chargé du ferrage des chevaux.

25.

Administration du bénéfice des places de fourrage.

LE bénéfice des quatre sous par place de fourrage, accordé pour la remonte & pour toutes les parties d'entretien, d'équipement & d'armement, sera mis en Masse commune, qui sera administrée par les trois Officiers supérieurs, & par les trois premiers Capitaines ; le Major sera autorisé à faire faire, sous les ordres du Commandant du Corps, dans les emplacemens où les régimens seront chargés de l'achat de leurs fourrages, le marché & la distribution, par le Quartier-maître, ou par tel autre Officier qu'il jugera, de concert avec le Commandant du Corps & lesdits trois Capitaines, en être le plus capable ; & il sera arrêté, de concert avec eux, chaque mois, un bordereau de l'achat & de la consommation desdits fourrages, dont un double sera remis auxdits trois Capitaines.

26.

Chevaux réformés.

LES chevaux qui seront réformés lors de chaque revue d'inspection, seront vendus à l'encan, en présence du

Commiſſaire des guerres chargé de la police du régiment, qui dreſſera un procès-verbal de cette vente dont le produit ſera joint à la Maſſe commune. Le Commiſſaire des guerres adreſſera ce procès-verbal au Secrétaire d'État ayant le département de la guerre, & il en remettra en même temps un double ſigné de lui, au Major du régiment.

27.

Achat des fourrages par le régiment.

LES régimens ſeront chargés de l'achat de leurs fourrages dans les provinces de l'intérieur du royaume où il ne ſera point établi de magaſin de Sa Majeſté; & où les provinces ne fourniſſent point de fourrages en nature, le prix des rations de fourrages dans leſdits emplacemens, ſera réglé par le Secrétaire d'État ayant le département de la guerre, ſur le prix effectif deſdites rations, d'après le compte qu'il s'en ſera fait rendre: Voulant Sa Majeſté que dans leſdites provinces de l'intérieur, les régimens de Dragons ne puiſſent être ſéparés que tout au plus par eſcadron, afin de pouvoir toujours continuer l'inſtruction & les exercices.

28.

Fonctions des Officiers ſupérieurs, relativement à l'entretien général.

LES Officiers ſupérieurs ſeront chargés de faire pourvoir aux réparations ordonnées par l'Inſpecteur, ainſi qu'à celles qui pourront ſurvenir ſucceſſivement, dont ils rendront compte chaque mois à l'Inſpecteur, en lui adreſſant l'état de ſituation du régiment; ils feront faire, de concert avec les trois Capitaines, le marché des remontes & celui deſdites réparations, en préſence des trois Capitaines, auxquels il ſera remis un état en double de toutes les parties de dépenſes qui ſeront communes à l'entretien général des compagnies, ſans diſtinction de celles auxquelles il en faudroit plus ou moins: l'intention de Sa Majeſté étant que le traitement dont il a été parlé ci-deſſus, ſoit affecté à toutes les parties d'entretien & de tenue des compagnies indiſtinctement.

Il en sera usé de même en temps de guerre, où tous les fonds destinés pour l'entretien & réparations, seront également mis en Masse commune, sous l'autorité des Officiers supérieurs du régiment, & de concert avec les trois Capitaines; Sa Majesté se réservant de pourvoir en temps de guerre, à un traitement proportionné aux évènemens qu'éprouvera chaque régiment.

29.

Recette & dépense de la Masse des recrues.

Il sera rendu compte à l'Inspecteur, à chaque revue, de la recette & de la dépense de la Masse des recrues, dont le restant net doit être réuni au bénéfice des quatre sous par place de fourrage, pour composer la Masse commune, ainsi qu'il est expliqué par l'article 24 de la présente Ordonnance; il lui sera de même rendu compte de tous les objets de dépense faite par cette Masse commune, dont il arrêtera le montant.

30.

Distribution du bénéfice des places de fourrage; & Masse perpétuelle par la retenue du tiers de ce bénéfice.

Comme il est aussi nécessaire qu'important d'assurer l'entretien de chaque régiment dans tous les cas imprévus qui peuvent se présenter, l'Inspecteur, après avoir constaté à sa revue, le bénéfice de cette Masse commune, toutes dépenses acquittées, en fera prélever le tiers pour former une Masse perpétuelle, qui sera portée progressivement jusqu'à la somme de dix-huit mille livres, à raison de quinze cents livres par compagnie: cette Masse perpétuelle sera mise en réserve pour subvenir aux évènemens de la morve & autres accidens pour lesquels la Masse commune seroit insuffisante; & dans le cas où les circonstances exigeroient de faire usage de cette réserve, la partie qui en auroit éte tirée (ce qui n'aura jamais lieu qu'en conséquence des ordres particuliers de Sa Majesté) seroit remplacée par la retenue dudit tiers, l'année d'après & les suivantes. L'Inspecteur donnera la main-levée des deux autres tiers de ce qui ſe trouvera lors de la revue, en bénéfice à ladite Maſſe générale & commune, pour être partagés entre les douze Capitaines; & lorſque ladite Maſſe perpétuelle ſera complétée à la ſomme de dix-huit mille livres, il ſera autoriſé à donner chaque année la main-levée de la totalité dudit bénéfice. L'intention de Sa Majeſté eſt, que dans le cas où le produit de la totalité du bénéfice des quatre ſous par place de fourrage, y compris celui de la Maſſe perpétuelle, deviendroit inſuffiſant pour les réparations à faire à l'époque de la revue, les douze Capitaines ſeront tenus d'y ſuppléer par égale portion.

Veut Sa Majeſté, que lorſqu'un Capitaine quittera ſa compagnie, le décompte lui ſoit fait du douzième du produit qui ſe trouvera à cette époque à ladite Maſſe perpétuelle: ce douzième ſera remplacé à ladite Maſſe par le Capitaine qui ſuccédera à celui qui aura quitté; mais en cas de mort d'un Capitaine, ce douzième reſtera à ladite Maſſe.

31.

Armement fourni par les magaſins de Sa Majeſté.

L'ARMEMENT des Dragons, continuera d'être fourni des magaſins de Sa Majeſté, & les Corps continueront de ſe conformer aux Ordonnances & Règlemens concernant l'exercice, les manœuvres, inſtructions & tenue, & aux modèles preſcrits pour l'habillement, l'équipement & l'armement.

32.

Compoſition de la ration de fourrage.

LA ration de fourrage, pour les Dragons, ſera fournie conformément aux articles 19 & 20 du règlement du 23 mars 1763; dérogeant Sa Majeſté à ce qui y eſt de contraire dans le règlement du 18 août 1771.

33.

Procès-verbaux à dreſſer par

L'INTENTION de Sa Majeſté eſt qu'il ſoit dreſſé, par les Commiſſaires des guerres, qui ſeront préſens à l'exé-

les Commiſſaires des guerres. cution de la préſente Ordonnance, des procès-verbaux de la nouvelle compoſition des régimens, qui y eſt preſcrite : Voulant Sa Majeſté que les appointemens, la ſolde, les maſſes, le bénéfice de quatre ſous par place de fourrage qui ſont réglés, aient lieu à commencer du jour de la date deſdits procès-verbaux, dont il ſera remis un double, ſigné des Commiſſaires des guerres, aux Tréſoriers. Veut auſſi Sa Majeſté qu'il en ſoit envoyé des doubles au Secrétaire d'État ayant le département de la guerre ; entendant d'ailleurs que leſdits procès-verbaux ne ſoient dreſſés que d'après l'opération qui ſera faite de la nouvelle compoſition par les Inſpecteurs, que Sa Majeſté en a chargé particulièrement.

34.

SA MAJESTÉ fera connoître ſes intentions par des Ordonnances particulières ſur les Corps de Troupes-légères.

35.

Défenſe de toute innovation. RIEN n'étant plus contraire au bien du ſervice, que les innovations que quelques chefs de Corps ſe permettent, ſous prétexte des avantages qu'ils jugent toujours que l'on peut en retirer ; Sa Majeſté défend expreſſément à tout Officier, de quelque grade qu'il ſoit, d'introduire ou d'admettre aucune diſpoſition qui ſeroit contraire ou qui ne ſeroit point preſcrite par la préſente Ordonnance, ou par celles auxquelles Elle n'a point dérogé : ordonnant Sa Majeſté aux Inſpecteurs, d'informer exactement le Secrétaire d'État ayant le département de la guerre, des différences qu'ils remarqueront dans l'exécution deſdites Ordonnances, & du nom des Officiers qui y auront donné lieu, pour qu'il lui en ſoit rendu compte particulièrement.

36.

VEUT & entend Sa Majeſté, que les articles des

Ordonnances & Règlemens concernant ses Dragons, auxquels il n'est point dérogé par la présente, aient leur exécution en tout ce qui y est contenu. MANDANT Sa Majesté au sieur Duc de Coigny, Colonel général; & au sieur Duc de Luynes, Mestre-de-camp général des Dragons, de tenir la main à l'exécution de la présente Ordonnance.

MANDE & ordonne Sa Majesté aux Officiers généraux ayant commandement sur ses troupes, aux Gouverneurs & Commandans de ses villes & places, aux Inspecteurs généraux de sa Cavalerie, aux Intendans en ses provinces & sur ses frontières, aux Commissaires des guerres & à tous autres ses Officiers qu'il appartiendra, de tenir la main à l'exécution de la présente.

FAIT à Versailles le dix-sept avril mil sept cent soixante-douze. *Signé* LOUIS. *Et plus bas*, MONTEYNARD.

MARIE-FRANÇOIS-HENRI DE FRANQUETOT, Duc de COIGNY, Maréchal des camps & Armées du Roi, Colonel général des Dragons de France, Gouverneur de Caen & de Choisi-le-Roi.

VU l'Ordonnance de Sa Majesté du 17 avril, par laquelle Elle explique ses intentions sur la composition de ses régimens de Dragons, & leur donne, ainsi qu'à ceux de sa Cavalerie, une constitution solide & invariable; ladite Ordonnance à nous adressée, avec ordre de tenir la main à son exécution: Mandons à M. le Duc de Luynes, Mestre-de-camp général des Dragons, de tenir la main à ce qu'elle soit exactement observée: Ordonnons à tous Brigadiers, Mestres-de-camp & autres Commandans des Dragons, de s'y conformer

& de la faire exécuter selon sa forme & teneur. FAIT à Paris le vingt-un avril mil sept cent soixante-douze. *Signé* LE DUC DE COIGNY. *Et plus bas*, Par Monseigneur, BERNARD.

A PARIS,
DE L'IMPRIMERIE ROYALE.

M. DCCLXXII.

www.ingramcontent.com/pod-product-compliance
Lightning Source LLC
LaVergne TN
LVHW020512230826
846091LV00008BA/3468

* 9 7 8 2 3 2 9 3 6 2 1 9 9 *